INQUIÉTUDE MONARCHIQUE,

OU

LETTRES

EN RÉPONSE A LA BROCHURE ANONYME

INTITULÉE :

LES INQUIÉTUDES RÉVOLUTIONNAIRES,

OU LES MALADIES QUE NOUS N'AVONS POINT,

SUIVIES DE CELLES QUE NOUS AVONS.

PREMIÈRE LETTRE.

Je viens de lire à la hâte, Monsieur, votre écrit intitulé : *Les Inquiétudes révolutionnaires*, ou *Les Maladies que nous n'avons pas, suivies de celles que nous avons*. Ce titre a piqué ma curiosité. Elle s'est accrue par la lecture du petit *factum* qui vous sert d'*avant-propos*. Vous y faites remarquer très-ingénieusement que « nos médecins révolutionnaires nous ont » constamment traités pour des maladies que nous » n'avions pas... ; en d'autres termes, qu'ils n'ont » cherché à nous inquiéter que sur des choses qui » n'étoient point inquiétantes, et que, quant à celles » qui l'étoient véritablement, ils ont fait semblant de » ne pas les découvrir. » Au nombre des maladies que nous n'avons point, et qui, au dire des révolutionnaires, sont si inquiétantes, vous en signalez six, que vous qualifiez de *plaies* ou *inquiétudes révolutionnaires* ; et trois qui sont également qualifiées de *plaies*, mais sous la dénomination d'*inquiétudes des* nière ligne par une sévère admonition. Mais est-il bien vrai que la liberté de la presse soit l'unique chancre qui nous dévore, et que le remède unique à ce mal soit la censure? Je reviens à ma première pensée, et je prétends que des neuf *inquiétudes* ou *plaies* dont se compose votre pamphlet, toutes sont artificieuses et décevantes; toutes sont illusoires, moins la *plaie du ministère*. Vous gardez prudemment l'anonyme; je le concois.... Il est difficile aujourd'hui de s'annoncer publiquement pour l'apologiste de nos ministres : ils n'ont plus que des appuis chancelants, soigneusement cachés dans les ténèbres des intérêts privés et de l'égoïsme. Moi, qui ne sens palpiter mon cœur que pour ma religion et mon Roi, je me nommerai autrement que par mes initiales, si j'y suis invité.

Cédant à l'impatience de signaler aux Chambres ce qu'il y a d'erroné et de dangereux dans votre brochure, pour donner plus de crédit à ce qu'elle renferme d'utile, je vais essayer de démontrer, par vos propres argumens, que les gens de bien, dans la crise imminente où se trouvent la religion et la monarchie, ne doivent concevoir qu'une seule *inquiétude*, que je n'appellerai pas *révolutionnaire*, mais *monarchique*, et que cette *inquiétude* prend sa source dans une *plaie* unique qui n'est point illusoire, mais trop réelle : la *plaie du ministère!!* La carrière est vaste. Je n'ai pas le temps de la parcourir dans tous ses points; car votre pamphlet peut servir à resserrer sur certains yeux le bandeau ministériel qui se relâche, à prévenir certaines défections dont s'effraie, à juste titre, le ministère. Pressé, par la nécessité, d'éventer le piége et de déchirer sans délai le bandeau, je m'attacherai uniquement à discuter deux ou trois de vos neuf *inquiétudes* ou *plaies*. Ainsi, je passe sur la première et sur la seconde, que vous intitulez, l'une, *plaie des jésuites*, l'autre, *plaie de la congrégation*, qui ne sont d'ailleurs traitées que bien superficiellement dans votre pamphlet. J'arrive à la troisième *inquiétude*, dite *plaie du ministère*.

Plaie du Ministère.

Je vous transcris :

« Quand le ministère actuel a été choisi dans des in-
» tentions de redressement et de réparation, il auroit
» été à desirer qu'on pût lui dire en même temps :
» Vous êtes maîtres de donner un libre cours aux
» idées d'ordre et aux sentimens de loyauté qui vous
» distinguent. Associez aux travaux qu'on attend de
» vous, tous les auxiliaires en qui vous reconnoîtrez
» des principes de justice et des vues de bien public
» analogues aux vôtres; choisissez les instrumens et
» les ouvriers dont vous avez besoin, et débarrassez-
» vous de tout ce que vous savez être contraire à la
» prompte reconstruction de l'édifice social. » Eh bien! Monsieur, ce langage judicieux que, suivant vous, il eût été à desirer de tenir au ministère actuel, au moment de sa formation, on le lui a tenu. Et savez-vous qui? Deux hommes, dont, certes, le ministère ne récusera pas le témoignage : ce sont MM. de Villèle et Corbière. Vous qui analysez avec un soin si minutieux, avec une perspicacité si rare, les feuilles révolutionnaires publiées en 1825 et en janvier 1826, pourquoi donc n'avez-vous pas remonté plus haut, en consultant *le Moniteur* et tous les journaux politiques, depuis 1816 jusqu'en 1819? Pourquoi n'avez-vous pas compulsé particulièrement les rapports et les discours de M. de Villèle sur les lois financières?... Vous y auriez remarqué avec quelle force de logique et quel entraînement de vérité il reprochoit aux ministres d'alors de ne s'entourer que d'*auxiliaires*, notoirement dépourvus *des principes de justice* et *des vues de bien public analogues* aux siens, d'*instrumens* et d'*ouvriers* hors d'état de concourir avec lui à la prompte *recons-*

truction de l'édifice social. C'est parce que M. de Villèle et son fidèle ami ont tenu ce courageux langage, c'est parce qu'ils ont promis, s'ils arrivoient au ministère, de s'occuper exclusivement, et sans relâche, *de la reconstruction de l'édifice social*, que *les gens de bien* les ont désignés, et que le monarque les a choisis pour remplacer le dernier ministère. Qu'ont-ils fait depuis cinq ans ? Où sont les matériaux qu'ils ont rassemblés ? Où est le premier essai, le plus mince préparatif pour arriver à cette *reconstruction*, si désirée par les royalistes, et reconnue si facile par MM. de Villèle et Corbière ? Que de choses, Monsieur, il y auroit à dire sur ce point ! Je n'en ai ni le temps ni le desir.

Vous ajoutez : « Au lieu de tenir le langage (tenu » alors par MM. de Villèle et Corbière), la raison pu» blique a dû (lorsqu'ils sont arrivés au pouvoir) s'ex» primer (comme il suit) : de tous côtés, l'ouvrage de » vos prédécesseurs s'élève contre vous. La carrière où » vous entrez après eux restera long-temps encore semée » des écueils qu'ils y ont laissés. Vous allez y rencontrer » une foule d'intérêts révolutionnaires et d'abus *inamo*» *vibles*, des *contradicteurs inamovibles*, des journaux » révolutionnaires *inamovibles*, une licence légale *ina*» *movible*, une multitude de nécessités révolutionnaires » rendues *inamovibles* par la politique de vos ennemis, » et de créatures *inamovibles*, que des puissances plus » ou moins révolutionnaires vous ont légués à perpé» tuité. Débattez-vous comme vous pourrez au milieu » de tant d'obstacles et de créations *inamovibles* ; mais » souvenez-vous de les transporter, avant tout, dans » votre système d'administration ; car, aux yeux de la » politique dominante, *vous n'êtes que les exécuteurs* » *testamentaires de Buonaparte et de la révolution.* »

Permettez-moi, Monsieur, de vous suivre ici mot à mot.

D'abord, vous invoquez la *raison publique* qui a dû apprendre à MM. de Villèle et de Corbière, en entrant au ministère, qu'ils devoient *transporter, avant tout*, *dans leur système d'administration, cette foule d'intérêts, d'abus, de nécessités, de créatures et de puissances révolutionnaires.* Vous m'accorderez, Monsieur, que cette *raison publique*, si telle a dû être sa leçon, étoit en opposition directe avec la *raison personnelle* de MM. de Villèle et Corbière, si éloquemment exprimée dans leurs discours précédents. En ce cas, si, malgré ce grave inconvénient, ils ont accepté le pouvoir, de deux choses l'une : ou ils ont senti que leur *raison personnelle*, qui étoit aussi celle des *gens de bien*, seroit assez forte pour faire taire la *raison publique*, et alors ils se sont engagés, à la face de la France, non pas à *transporter dans leur système d'administration*, mais à en expulser sans pitié *les intérêts, les abus, les nécessités, les créatures et les puissances révolutionnaires*; ou bien *la raison publique* leur a paru plus forte que la leur. Mais alors, s'ils ont reconnu l'impossibilité de la vaincre, pourquoi, pendant quatre ans, ces deux messieurs ont-ils réuni leurs efforts et toute la puissance de leurs talents, pour évincer les anciens ministres? Ces derniers subissoient une nécessité que vous déclarez être insurmontable. Il falloit ne pas prendre leurs places; il falloit laisser peser sur eux le poids d'une catastrophe inévitable. Eh quoi! Monsieur, vous osez dire que nos ministres actuels ne sont entrés dans les conseils du Roi légitime que pour y être *les exécuteurs testamentaires de Buonaparte et de la révolution*! Ah! de grâce, ménagez donc un peu plus vos protecteurs. Ils ont bien assez de leurs fautes et de leurs entêtemens, sans aller leur attribuer gratuitement des vues criminelles. Ils n'en ont eu qu'une seule, celle de déplacer les anciens ministres, pour s'emparer des postes et pour s'y maintenir.

Mais examinons donc ces obstacles insurmontables, signalés par *la raison publique*, et qui ont obligé vos patrons à *transporter la révolution dans leur système d'administration*, en un mot, à se constituer, malgré eux sans doute, *les exécuteurs testamentaires de Buonaparte et de la révolution*.

1°. Vous citez *les intérêts et les abus révolutionnaires*. Les intérêts, il falloit courageusement les froisser, s'ils menaçoient la sûreté du trône; les abus, il falloit les réprimer. Vous m'objectez que ces intérêts et ces abus sont *inamovibles*.... Voilà, Monsieur, ce que je ne conçois pas; des intérêts et des abus *inamovibles* passent ma foible intelligence.

2°. Vous citez les contradicteurs *inamovibles*, les journaux révolutionnaires *inamovibles*, une licence légale *inamovible*, des ennemis et des créatures *inamovibles*, des nécessités révolutionnaires *inamovibles*, *légués à perpétuité au ministère par des puissances plus ou moins révolutionnaires*. Enfin, vous citez les CRÉATIONS INAMOVIBLES!! « Ceci est sérieux, ajoutez-vous, et mérite qu'on s'y arrête. » Oui, Monsieur, ceci est sérieux, et plus sérieux peut-être que vous ne vous l'imaginez: car enfin que voulez-vous dire, lorsqu'avec l'affectation d'un dépit mal déguisé, vous répétez, jusqu'à sept fois dans un même corps de phrase, l'épithète d'*inamovible*? Sans doute, il seroit bien agréable au ministère de pouvoir, au gré de son caprice ou de ses passions, destituer les fonctionnaires publics et les dignitaires de toutes les classes, de supprimer tous les journaux qu'il ne paie point: ce seroit là, pour lui, un moyen infaillible de se débarrasser *des contradicteurs*. Mais, si effectivement le ministère ne peut pas administrer la France, ni sauver la monarchie sans cette puissance exorbitante, il faut faire le procès à la Charte..... Car, dans cette longue nomenclature de *créations* et d'*individus inamovibles*, il n'y a réellement que deux institutions qui soient revêtues de ce caractère: c'est la Pairie et la Magistrature. Or, c'est la Charte qui les constitue *inamovibles*, et ces deux *créations*, jointes à celle d'une Chambre de Députés, composent à elles seules toute notre économie constitutionnelle. Si l'on veut que nos ministres cessent d'être *les exécuteurs testamentaires de Buonaparte et de la révolution*; donc il faut anéantir la Charte; la *raison publique* et le salut de la monarchie l'exigent. » Retournez, Monsieur, de cent façons les deux passages que je viens d'extraire textuellement de votre pamphlet, je vous défie d'arriver à un autre résultat raisonnable et raisonné.

Mais enfin, admettons que le ministère, respectant la Charte, veuille aussi respecter le principe de l'inamovibilité dans la personne des Pairs et dans celle des Magistrats; en ce cas, expliquez-moi franchement ce que vous entendez par des *nécessités révolutionnaires léguées à vos patrons, à perpétuité, par des puissances plus ou moins révolutionnaires*. Le mot *nécessité* est devenu, depuis quelque temps, un mot à la mode; il se prête à une foule d'acceptions, précisément parce qu'il est vague. Moi, je ne puis entendre par *nécessités léguées à perpétuité* au ministère actuel, que certains pairs et certains magistrats qui ont été nommés avant son installation au pouvoir, et qui, dans l'exercice de leurs fonctions, se sont déclarés ses *contradicteurs*. Si ma définition du mot *nécessité* est vraie, Monsieur, avez-vous bien mesuré vos expressions, en avez-vous senti la portée? Et quand vous avez écrit ces mots : *Nécessités révolutionnaires léguées à perpétuité par des puissances plus ou moins révolutionnaires*, comment se fait-il que l'ombre auguste du dernier Roi ne vous soit pas apparue pour vous arrêter la main? — Je me rétracte, Monsieur, et je me plais à reconnoître que vos patrons, pleins de vénération et d'amour pour le prince qui les a associés à ses conseils, n'ont entendu désigner, sous la qualification de *puissances plus ou moins révolutionnaires*, que les précédents ministres, qui ont plus ou moins dirigé ses choix. Mais si vos patrons, en recevant, en [illegible], leurs portefeuilles, connoissoient la composition personnelle de la Pairie et de la haute Magistrature; si cette composition renfermoit à leurs yeux des obstacles insurmontables pour le bien-être de leur administration, encore une fois, je leur demande pourquoi ils sont entrés au ministère?

Vous répondrez à cela, Monsieur (*ibidem*) : « En » tirant l'horoscope des ministères qui, après celui-» ci, pourront se croire appelés à couper le nœud » gordien plus habilement que lui, et à nous faire » sortir de la confusion révolutionnaire. Car enfin, » ajoutez-vous, les ministres n'en savent pas plus que » la nature qui met *vingt ans* à réparer l'ouvrage d'un » coup d'épée; et si l'on veut être juste, il n'y aura » pas, à leur égard, de meilleure règle que celle-ci: » dites-nous ce que nos devanciers ont fait, et nous » vous dirons ce que vous pouvez faire; dites-nous » dans quel état vous avez reçu l'héritage, et nous » vous dirons dans quel état vous pourrez le remettre » (pag. 12 et 13). » Pour développer votre pensée, et pour la justifier, vous crayonnez d'une main ferme l'esquisse de l'administration sous la première restauration : elle est frappante de vérité (1); j'invite instamment messieurs les députés à s'en bien pénétrer. Vous arrivez ensuite à la seconde restauration, après les Cent-Jours, et vous dites : « L'espèce de capitulation qu'on » avoit faite avec l'ennemi en 1814, fut remise en » vigueur et maintenue pendant six ans (c'est-à-dire, » jusqu'à l'introduction de M. de Villèle dans le minis-» tère). Dans cet intervalle, on eût dit que la révolu-» tion ne faisoit que changer de relais pour continuer » sa route (pag. 5). » Puis, voulant expliquer à vos lecteurs comment la révolution a pu prolonger ainsi son influence, vous fixez leur attention sur plusieurs faits parfaitement observés.

Vous dites d'abord : « Les hommes que l'on croit les » plus compromis et les plus morts à la vie politique, » ont une dernière ressource,.... celle de revivre dans » les autres, et de faire ainsi consacrer par de nou-

(1) Pages 13, 14 et 15.

» veaux exemples ce qu'on a trouvé de plus condamnable dans leur conduite. Aussi, vous ne les voyez » plus occupés que d'une chose, qui est de se voir » remplacer par les successeurs les plus propres à continuer ce qu'eux-mêmes ils ont commencé (page » 16). » Rien n'est plus vrai, Monsieur; mais je demande encore à vos patrons, qui étoient si bien instruits de l'état des personnes quand ils ont pris le gouvernail, pourquoi, dans tous les emplois amovibles, (et la série en est innombrable), ils les ont presque toutes conservées? « Voilà, ajoutez-vous, pourquoi on » les entend (ces hommes morts à la vie politique) recommander toutes les opinions ternes et flexibles, » tous les caractères passifs et insignifiants, tous les » esprits foibles et susceptibles de se laisser diriger » sous main. Ils s'accordent à prôner et à protéger de » leurs suffrages ou d'obscurs élèves de leur école, ou » d'autres médiocrités qui n'ont, pour toute recommandation, que le besoin qu'on a de leur foiblesse » et de leur incapacité.... (*ibidem*). » Ah! Monsieur, quel tableau ressemblant vous faites de l'administration de messieurs de Villèle et Corbière! Impossible de s'y méprendre!

Vous dites ensuite que c'est à un des oracles du parti révolutionnaire (que vous ne nommez pas, mais tout le monde le devine) « qu'on doit l'idée du ministère de M. le duc de Richelieu.... que ce parti » avoit fondé sur le caractère personnel de ce duc des » combinaisons avantageuses.... qu'il y a dans les » hommes médiocres je ne sais quelle petitesse d'esprit qui les porte à rechercher de préférence toutes » les médiocrités, au milieu desquelles ils espèrent » jeter quelque lueur.... entourés d'ombres pâles et » insignifiantes, qui leur aident à dominer le tableau » (p. 18.) » Je vous demande pardon, Monsieur, si je retrouve encore dans ce dernier crayon un grand point de ressemblance avec M. de Villèle. Toutefois, cette petitesse d'esprit que vous attribuez si crûment à M. le duc de Richelieu, étoit celle d'un homme de bonne foi, d'un Français, d'ailleurs sans ambition et désintéressé. Il savoit, cet honorable duc, donner sa démission sans efforts et sans regret. En est-il de même de M. de Villèle? Poursuivons. « Comme la probité » ne confère pas le talent, surtout dans la carrière po- » litique où les réputations ne se fondent guère que sur » la vigueur et l'habileté, M. le duc de Richelieu » auroit eu plus besoin que tout autre de se faire ap- » puyer dans son ministère par quelques-unes des » supériorités politiques que le parti de la franche » royauté lui auroit aisément procurées (*ibid*). » Y pensez-vous, Monsieur? quoi! vous avez oublié que M. de Richelieu, aussitôt après l'assassinat de l'un de nos princes, *s'est fait appuyer dans son ministère par deux supériorités politiques* que lui a désignées *le parti de la franche royauté*; que ces deux supériorités sont.... MM. de Villèle et Corbière, dont vous êtes l'admirateur? Avez-vous oublié qu'ils sont restés l'un et l'autre, pendant un an, ministres sans portefeuille, à la suite de M. le duc de Richelieu; que si les francs royalistes n'ont pas été, de prime-abord, choqués de voir leurs principaux organes descendre si bas, c'est qu'ils attachoient de grandes espérances à l'empire que les deux ministres *honoraires* alloient exercer sur un principal ministre honnête homme, mais sans *vigueur* et sans *habileté*? Vous me répondrez que MM. de Villèle et Corbière n'ont obtenu aucun crédit sur l'esprit du noble duc. En ce cas, pourquoi, après trois mois de remontrances infructueuses, n'ont-ils pas déposé, je ne dis pas le portefeuille, mais l'habit ministériel? Loin de là, pourquoi, lorsque la Chambre porta, en 1821, au ministère de M de Richelieu, le coup qui l'a renversé, pourquoi MM. de Villèle et Corbière ont-ils pris sa défense? Pourquoi ont-ils combattu la fameuse adresse? Pourquoi, etc...

En troisième lieu, après avoir traité avec bien peu de

ménagement un honorable duc mort à la vie naturelle, vous vous emparez, Monsieur, d'un autre duc *mort à la vie politique* : c'est M. le duc Decaze que vous appelez sur votre terrain. Vous lui reprochez d'abord « de n'avoir guère établi dans l'administra- » tion du royaume que des peuplades révolutionnaires. » Le reproche est fondé; mais vos patrons, depuis quatre ans, ont-ils dispersé ces *peuplades?* Les ont-ils remplacées par des *peuplades royalistes?* Où sont les changements qu'ils ont opérés? Quelles sont les injustices de M. Decaze qu'ils ont réparées? Vous dites ensuite que M. Decaze « craignoit souvent les révolution- » naires, et qu'il les aimoit toujours. » Eh bien! moi, Monsieur, je connois un ministre dirigeant qui ne craint point les révolutionnaires, qui les aime encore moins, mais qui en revanche hait cordialement les royalistes invariables et à grande capacité, tels que MM. de La Bourdonnaye, de Lalot, Marchangy, etc... Entre ce ministre haineux et M. Decaze, choisissez. « Tout le monde, dites-vous encore, se souvient que » dans les élections jamais on ne vit M. Decaze se dé- » fendre d'un candidat révolutionnaire, comme d'un » candidat royaliste. » Ah, Monsieur! Et certaine instruction ministérielle toute récente, confidentiellement distribuée dans un certain collége d'arrondissement, portant : *Tout ce que vous voudrez, excepté M. de Marchangy!* Qu'en pensez-vous, Monsieur? M. le duc Decaze est-il donc si répréhensible? Enfin, à vous entendre, « M. Decaze ne s'occupoit guère que » d'apaiser à prix d'argent et de faveurs les cris qui » troubloient sa tranquillité personnelle. » En vérité, Monsieur, je ne vous conçois pas. Vous auriez pris à tâche de faire dans votre pamphlet une critique sanglante du ministère, vous ne vous seriez pas mieux exprimé. Car enfin il est notoire que nos ministres les plus influents ont gagné, *à prix d'argent*, des écrivains, royalistes intrépides et demeurés long-temps sur la brèche; qu'ils ont pensionné ou pourvu d'emplois lucratifs d'autres écrivains non moins redoutables; qu'ils ont acheté des procès et amorti quatre journaux, en versant l'or à pleines mains; et tout cela, Monsieur, *pour apaiser les cris qui troubloient leur tranquillité personnelle.*

En quatrième lieu, après avoir aussi gracieusement morigéné M. le duc Decaze comme simple ministre (remarquez bien, s'il vous plaît, que je ne suis pas son apologiste), vous entreprenez cet honorable duc et pair comme président du conseil (p. 21 et suiv.). Le premier grief que vous lui adressez en cette qualité est « d'avoir pris les royalistes en aversion et déchaîné » contre eux la tourbe d'écrivains qu'il avoit dressés » pour ce genre de chasse. » Un mot, s'il vous plaît. Le président actuel du conseil ressent-il une affection bien tendre pour MM. de La Bourdonnaye, Ferdinand de Berthier, de la Lezardière, Bacot de Roman, et quarante autres députés de cette trempe; pour MM. de Lalot, Marchangy et plusieurs autres qui auroient figuré dans cette honorable milice, si tel avoit été le bon plaisir de M. le président? N'est-ce pas le président actuel du Conseil et son inséparable Pylade qui ont *déchaîné* contre *la Quotidienne*, *l'Aristarque* et *le Journal des Débats*, *cette tourbe d'écrivains dressés au genre de chasse*, dans *le Journal de Paris*, organe si servile et si chaud de M. Decaze, et aujourd'hui de M. de Villèle, qui lui a adjoint la *Gazette de France?* Ne connoît-on pas les antécédents révolutionnaires de certains rédacteurs de ces deux feuilles salariées, dont la polémique est si fallacieuse, si insultante et si dévergondée? Enfin, Monsieur, vous insinuez (p. 23) que, du temps de M. Decaze, il y avoit « tel d'entre » les chefs du *Constitutionnel*, dont la conscience s'é» toit peut-être accoutumée aux pensions de mille écus » par mois, avec lesquels on la faisoit taire. » Mais, depuis quatre ans, que de bouches importunes ont été fermées avec le même cadenas!

Résumons-nous, Monsieur, sur votre *troisième inquiétude révolutionnaire*... Chaque phrase sortie de votre plume pour nous convaincre que le ministère actuel est une *plaie* imaginaire, je l'ai rétorquée contre vous, pour démontrer, au contraire, que cette plaie n'est, hélas! que trop réelle; que ce ne sont point les révolutionnaires qui s'en inquiètent, car ils s'en trouvent fort bien, et tout bas ils encouragent nos ministres; mais ce sont les royalistes qui sont en proie aux plus sérieuses alarmes, en présence d'une administration dont vous-même, Monsieur, vous confessez si indiscrètement la triste impuissance : car à quoi se réduit, en dernière analyse, cette longue discussion à laquelle vous vous êtes livré dans votre *troisième inquiétude révolutionnaire?* A cette phrase, devenue proverbe : *La position des ministres n'est pas tenable.* Avant vous, un habile publiciste est arrivé tout exprès du fond de l'Auvergne pour consigner, il y a quelques mois, cette terrible sentence dans une feuille ministérielle. Jusque-là tous les partis étoient d'accord, et répétoient en chorus : Oui, *la position du ministère n'est pas tenable!* Mais le même publiciste s'est avisé d'insinuer dans des articles entortillés et prolixes, qu'*à défaut de ministres plus capables, il faut garder les nôtres.* Sur ce point, tous les partis (moins celui du ministère, bien entendu) se sont soulevés. Personne n'a pu se persuader qu'après MM. de Villèle et Corbière, il n'y a plus en France de capacités royalistes. Il est évident, Monsieur, que M. de Montlosier, dont je respecte le noble caractère sans approuver toutes ses doctrines, que cet honorable ex-constituant, écrivant dans *le Drapeau blanc*, a été, sans qu'il s'en doute peut-être, le précurseur de votre pamphlet. Mais vous êtes plus hardi et plus positif dans vos propositions : vous dites à la Chambre, au moment où elle ouvre sa session, que non-seulement la position du ministère n'est pas tenable, mais que nos ministres ont été obligés *de transporter, dans le système de leur administration, les intérêts, les abus, les nécessités, les créatures, les créations et les puissances révolutionnaires;* et cela parce qu'*aux yeux de la politique dominante, les ministres ne sont que les exécuteurs testamentaires de Buonaparte et de la révolution;* que d'autres ministres qui viendront après eux ne seront pas plus habiles, *parce qu'ils n'en savent pas plus que la nature, qui met vingt ans à réparer l'ouvrage d'un seul coup d'épée.* Quel Français ami de son Roi ne frémiroit pas en entendant ce langage! C'est donc à dire que notre belle France doit rester condamnée à contempler pendant vingt ans M. de Villèle *exécutant paisiblement le testament de Buonaparte et de la révolution!* Vingt ans! Ah! monsieur, Dieu nous en garde! Toutefois, vous avez droit à quelques remercîmens de la part des royalistes, s'il est vrai, comme je le soupçonne, que votre pamphlet a été destiné par le ministère lui-même à éclairer la Chambre sur l'état actuel de la France. Voilà MM. les députés bien et dûment avertis par vous que notre ministère a besoin de vingt ans, ni plus ni moins, pour sortir des ornières de la révolution, où il est cloué par des forces irrésistibles, par des *créatures*, des *créations* et des *nécessités révolutionnaires inamovibles*, qu'il doit, malgré lui, conserver *dans son système d'administration...*

Dans ma seconde lettre, qui ne se fera point attendre, j'examinerai l'importance et la réalité de vos autres *inquiétudes*, en m'attachant spécialement à celle que vous qualifiez de *plaie de la licence*, *inquiétude* réelle suivant vous, et que vous attribuez aux gens de bien.

J'ai l'honneur d'être, etc.

P. D.

IMPRIMERIE DE C. J. TROUVÉ, RUE DES FILLES-SAINT-THOMAS, N° 12.

INQUIÉTUDE MONARCHIQUE,

OU

LETTRES

EN RÉPONSE A LA BROCHURE ANONYME

INTITULÉE :

LES INQUIÉTUDES RÉVOLUTIONNAIRES,

OU LES MALADIES QUE NOUS N'AVONS POINT, SUIVIES DE CELLES QUE NOUS AVONS.

DEUXIÈME LETTRE.

Plaie des Elections.

Je reprends, Monsieur, la série de vos *inquiétudes*, et je m'arrête un moment sur la quatrième, que vous qualifiez de *Plaie des élections*. Vous présentez encore cette *Plaie* comme un fantôme révolutionnaire, cachant un mal qui n'existe pas. Je suis loin de partager votre opinion à ce sujet : oui, le mode actuel des élections et la composition des colléges sont loin de rassurer les bons Français sur le sort de la monarchie. Ce double vote, arraché à la session de 1821, par voie d'amendement inattendu (1), offense tout à la fois et le trône et la Charte.

Le Trône, en ce qu'il fait dire qu'un Bourbon sur le trône de ses ancêtres avoit besoin de doubler fictivement le nombre de ses amis, pour contre-balancer celui

(1) Amendement de M. Boin, suggéré, ou tout au moins appuyé et voté par MM. de Villèle et de Corbière, alors ministres *in partibus*.

de ses ennemis; offense d'autant plus grave qu'elle a pour prétexte un mensonge.....

La Charte, en ce que le double vote mesure l'étendue proportionnelle des droits politiques sur l'étendue proportionnelle de la propriété foncière; chose plus qu'offensante, car elle est absurde; et la Charte la réprouve dans toutes ses dispositions.

Ce n'est pas sous ce point de vue, Monsieur, que vous avez envisagé *la Plaie des élections;* vous vouliez soulever les passions de MM. les Pairs et de MM. les Députés. Pour arriver à ce but, vous compilez avec une rare habileté tous les outrages qui se lisent, depuis un an, dans le *Courrier* et dans le *Constitutionnel*, contre la composition actuelle des deux premiers corps de l'Etat. Je n'ai pas vérifié l'exactitude des nombreux passages que vous avez extraits de ces deux feuilles, et qui semblent vous avoir été communiqués par le bureau secret de l'*esprit public*, où ils auront été sans doute tenus en réserve jusqu'à ce jour, pour en effrayer les Députés, au moment de leur réunion. Si vos extraits, pages 26 et suivantes, jusqu'à la page 30, sont fidèles, j'applaudis de tout mon cœur à ces mêmes pages; elles sont les plus remarquables de votre pamphlet, et elles appellent la méditation des deux Chambres.

Mais enfin, Monsieur, est-il possible de nier que le ministère actuel, lors des dernières élections, a dépassé la mesure; que les intrigues, les manœuvres, les menaces et les circulaires y ont été prodiguées jusqu'au scandale? Ne parlons que des circulaires, et comparons-les à celles de M. Decazes, distribuées aux autorités administratives, peu de jours après la fameuse ordonnance du 5 septembre. J'ai vu, j'ai lu et les unes et les autres, celles de M. Decazes, uniquement dirigées contre les membres de la chambre *introuvable*, et celles de MM. de Villèle et consorts, inspirées par la soif de la septennalité de leurs pouvoirs! Comme les premières sont timides, ambiguës et mesurées!

Comme les secondes sont positives, impérieuses et menaçantes! Les premières s'adressoient uniquement aux sommités de l'administration, sous le sceau de la confidence; les secondes ont été patentes, et sont descendues en torrent jusque dans les bas-fonds de la hiérarchie. Les premières ont respecté la magistrature inamovible; les autres l'ont assaillie et déconcertée. Voilà, Monsieur, il faut l'avouer avec douleur, l'œuvre du ministère aux dernières élections; voilà aussi le prétexte trop fondé des coupables écarts que vous reprochez au *Constitutionnel* et au *Courrier.*

Si les conséquences de cette œuvre eussent été aussi fâcheuses que son principe, assurément on pouvoit, jusqu'à un certain point, excuser les deux journaux que vous signalez avec raison à l'animadversion des royalistes; mais la Providence nous a encore sauvés dans cette circonstance, comme elle l'a fait précédemment dans beaucoup d'autres. L'immense majorité des derniers élus est éminemment religieuse et royaliste: peut-être on y rencontreroit quelques mécontents, un certain nombre de Députés trop faciles et trop aveuglés; mais sur les questions vitales, soyez-en sûr, les nuances disparoîtront, et tous les esprits se rallieront sous les étendards de la foi et de la légitimité. Que l'homme qui s'annonce pour être le médecin en chef de nos maladies, s'éloigne; il y a tout à espérer de la Chambre actuelle, dégagée de son influence.

Encore un mot sur votre quatrième *Plaie.* Vous imputez aux deux journaux du libéralisme, à l'occasion des dernières élections, des provocations séditieuses contre la Chambre élective: pourquoi ne les avez-vous pas traduits devant les tribunaux? Et si vous ne l'avez pas fait, n'est-il pas permis de penser qu'une agression de cette nature eût été par trop scabreuse pour le ministère, en ce qu'elle auroit provoqué la révélation de manœuvres qui ne lui sont pas étrangères, et qui ont failli compromettre le sort de la monarchie? Vous le voyez, Monsieur, je retrouve partout et dans toutes vos pages la *Plaie* trop réelle *du ministère.*

Plaie des finances et *Plaie de la police.*

Vous courez rapidement sur ces deux *Plaies :* il y auroit tant de choses à dire sur cette double matière! Et d'abord, sur les finances, M. de Villèle, s'il faut vous en croire, seroit irréprochable. Ce n'est nullement dans l'intention de créer un nouveau système de dette publique, qu'il auroit présenté, pendant deux sessions consecutives, ses projets de lois sur les trois pour cent; c'est uniquement pour indemniser convenablement les victimes de la fidélité, spoliées par la révolution; et ce sujet vous inspire encore des pages éloquentes et parfaitement écrites. Mais vous oubliez que M. de Villèle a désavoué aux deux tribunes l'intime connexité de l'indemnité avec le trois pour cent; vous oubliez que les émigrés eux-mêmes ont repoussé avec une généreuse indignation toute espèce de réparation qui leur seroit offerte aux dépens des rentiers.

Quant à la police, « ce n'est point à elle, dites-vous, » que la vigueur manque; c'est à cette législation timide » qui craint pour ainsi dire de sauver l'État sans la per- » mission des principes que les ennemis de l'État invo- » quent pour le perdre. (Page 40.) » Qu'entendez-vous, s'il vous plaît, Monsieur, par une législation timide? Seroit-ce par hasard le code pénal de Buonaparte? Peu de gens seront de votre avis. Seroit-ce la loi sur la tendance? Elle est l'ouvrage des ministres. Pourquoi ne l'ont-ils pas rendue plus forte? Pourquoi, d'ailleurs, depuis quatre ans que l'initiative royale est sous leur influence, pourquoi n'ont-ils pas proposé la modification ou l'abrogation de ces lois qui vous semblent si *timides* et si *insuffisantes?* Vous insinuez que le Gouvernement craint *pour ainsi dire de sauver l'État, sans la permission des principes.* M. de Villèle voudroit-il, à l'instar de M. Decazes, une autre loi sur la liberté individuelle, c'est-à-dire la suspension à son gré de notre *habeas corpus*, et une autre loi sur la liberté de la presse, c'est-à-dire la censure? S'il en est ainsi, c'est une grande maladresse à vous, Monsieur, d'avoir tant maltraité M. le duc Decazes, puisque votre patron, à votre avis, n'auroit rien de mieux à faire que de marcher sur ses traces : car enfin je reconnois franchement que quand l'Etat est en péril, *il faut le sauver, sans la permission des principes* : mais aussi il faut démontrer le péril, il faut en découvrir la source; et si, par hasard, elle étoit dans le ministère!... Parlez, Monsieur, faut-il recourir aux erremens de M. le duc Decazes? Ou bien une simple démission ne seroit-elle pas plus expédiente et plus sûre?

Plaie de la Licence.

Je touche donc à l'une des trois *Plaies* que vous prétendez très-sérieuses, et qui, suivant vous, *inquiètent les gens de bien*, la LICENCE! Mais de quel genre de licence entendez-vous nous entretenir? car il y en a plus d'un. Soyez donc moins trembleur, Monsieur; appelez les choses par leurs noms, et dites tout franchement, la licence de la presse, ou le besoin de la censure. La censure! ah! c'est là, pour le ministère, la véritable toison d'or; il ne lui manque qu'un Jason pour la conquérir.

Vous envisagez la licence de la presse dans ses rapports avec la royauté, la religion et l'esprit public. Sous le rapport de la royauté, vous soulevez hardiment le masque hypocrite dont se couvrent, depuis quelque temps, certaines feuilles ultrà-libérales. J'applaudis sincèrement à vos judicieuses analyses sur cette importante matière. Mais pourquoi faut-il encore que votre engouement pour M. de Villèle vous pousse au-delà de toute mesure? Ce n'est pas sans chagrin, le dirai-je? sans un sentiment d'effroi, que j'ai parcouru les pages 49 et 50 de votre pamphlet. J'ai remarqué je ne sais quelle empreinte irrespectueuse, peut-être même sacrilége, dans cette partie de votre controverse, où vous osez mettre en jeu l'auguste personne du monarque. Vous flétrissez avec une juste indignation l'audace de deux journaux anti-monarchiques, qui, à l'occasion du sacre, se sont permis des réflexions impies et criminelles sur cette auguste solennité. Jusque-là, nous sommes d'accord; mais quand vous imputez à l'un de ces deux journaux d'avoir appris à ses lecteurs « que Charles X, en parcourant, » le 12 avril, les quartiers les plus populeux de la ca- » pitale, a dû s'apercevoir du refroidissement des » cœurs;.... que, huit jours après, il n'est plus resté » au Roi qu'un *silence respectueux*..., » ici mes idées se confondent. Ceci est-il, comme vous l'affirmez positivement, une insulte directe à la personne sacrée du monarque? Ou bien ceci renferme-t-il seulement l'énonciation d'un fait vrai, mais perfidement exprimé, et plus perfidement encore révélé? Certes, quand un écrivain périodique se permet, en parlant de son Roi, de présenter le *silence respectueux de ses sujets* comme l'expression du *refroidissement*, cet écrivain ment au public; il ment à sa conscience. Mais si un peuple plein d'amour pour son Roi s'aperçoit que ses conseillers le trompent et le conduisent à sa perte, lui est-il défendu d'en être alarmé? Dans ce cas, ses justes alarmes ne sont-elles pas la démonstration la plus touchante de son amour?... Et comment ce bon peuple les exprimera-t-il autrement et plus éloquemment que par un *silence respectueux*?

Ah! Monsieur, ce n'est pas le monarque que vous voulez défendre; vous n'avez pas, sans doute, cette insolente prétention. Notre bien-aimé Charles X se défend assez de lui-même. Profane adulateur, vous osez déployer la pourpre royale sur un ministère, auteur de nos plus graves inquiétudes! C'est là ce qui me semble être un acte plus qu'irrespectueux, c'est-à-dire un acte sacrilége....

J'arrive au paragraphe dans lequel vous considérez la licence de la presse sous le rapport de la religion. Il remplit vos pages (51, 52, 53, 54 et 55), dans lesquelles il n'est presque pas question des outrages faits à la religion; mais, en revanche, je suis forcé de convenir que, dans ce paragraphe, vous vous surpassez, vous et vos patrons, en habileté et en finesse. « On » se trompe, dites-vous, si l'on imagine que la juris- » prudence d'une Cour royale a décidé du sort de ce » chapitre. C'est précisément parce qu'elle n'a rien » trouvé à punir dans la licence irréligieuse des jour- » naux, qu'il faut frémir de la gravité d'un tel mal, » et s'inquiéter de la voir sortir à grands flots d'une » source que la justice se déclare dans l'impuissance » de fermer.... » Ailleurs, vous ajoutez : « Heureuse- » ment les tribunaux ont jeté le cri de détresse; ils » ont proclamé que le mal est sans remède de leur » côté. Ce n'est plus leur faute si nous périssons; il » nous ont avertis. (Page 74.) » N'avois-je pas raison, Monsieur, de vous dire, dans ma première lettre, que les arrêts de certaines Cours souveraines vous donnoient, à vous et à vos patrons, le cauchemar; que rien ne troubloit la quiétude des ministres comme cette opposition inflexible de la haute magistrature à leurs caprices ou à leurs visions?

Deux premiers arrêts rendus en faveur de *l'Aristarque*, nous avoient valu, *ab irato*, la censure des journaux; et l'honorable M. Fréteau doit s'en souvenir. L'avènement de Charles X souffle sur cette censure, et elle s'évanouit. Deux autres arrêts succèdent, et sont rendus en opposition aux volontés du ministère, contre deux autres journaux que je ne justifie pas. Aussitôt on remet sur le tapis la résurrection de la censure; et c'est là, Monsieur, convenez-en, toute l'arrière-pensée de votre pamphlet. Mais si, d'une part, vous voulez nous ravir le droit de nous plaindre dans les journaux, et si, de l'autre, vous proscrivez jusqu'à notre *respectueux silence*, à quelle condition entendez-vous donc réduire la nation française? Et que signifie le chapitre des libertés publiques, consacrées dans nos anciennes constitutions, comme elles le sont dans la nouvelle?

La magistrature, suivant vous, *a jeté le cri de détresse* dans les deux arrêts relatifs au *Constitutionnel* et au *Courrier; elle a proclamé que le mal est sans remède de son côté*. J'ai les deux arrêts sous les yeux, et je n'y trouve pas un seul mot qui décèle cette prétendue impuissance dont il vous plaît de mettre l'aveu dans la bouche des magistrats. L'accusation, sur laquelle leurs arrêts sont intervenus, étoit noyée dans des controverses théologiques ou religieuses, sur lesquelles on peut être raisonnablement divisé, et qui, d'ailleurs, n'appartiennent point au domaine de la Justice. Çà et là, elle signaloit vaguement, dans les journaux inculpés, des passages vraiment répréhensibles. Sur les controverses théologiques, les magistrats ont émis une opinion qui n'étoit pas conforme à celle du ministère. Quant aux passages incriminés, ils les ont déclarés, en effet, répréhensibles, mais non condamnables. Est-ce là *jeter le cri de détresse?* Ignorez-vous, Monsieur, que des magistrats, confessant leur impuissance dans l'application des lois, encourent par cela seul la peine de forfaiture?

Vous citez (pag. 51) une proposition révoltante, mise en avant, s'il faut vous en croire, *dans vingt endroits, par nos écrivains révolutionnaires*. Je la copie textuellement :

« La source des sentiments religieux est tarie dans » les cœurs. C'est par réflexion que le peuple est de» venu irréligieux. On perd son temps à vouloir dé» sormais le persuader en matière de religion. » Vous, Monsieur, qui spécifiez avec tant de scrupule la date et les numéros des journaux où vous puisez les preuves de leur licence, pourquoi donc ne spécifiez-vous pas ici le journal ou la brochure de l'un de ces *vingt écrivains révolutionnaires* qui ont osé publier cette horrible assertion? Cinq à six passages de cette nature, en style simple et grave, dans un acte d'accusation de cent lignes au plus d'écriture, ou je me trompe fort, Monsieur, ou les magistrats en auroient fait une justice rigoureuse.

Votre troisième paragraphe (pag. 56), où vous exposez les effets de la licence de la presse sur l'esprit public, est, à mon sens, la partie de votre pamphlet la plus fortement raisonnée et exprimée. Ce n'est plus seulement dans *le Constitutionnel* et dans *le Courrier* que vous puisez vos citations; vous signalez encore, et pour la première fois, une autre feuille périodique bien plus dangereuse, dont les utopies sur le commerce et sur l'industrie sont saturées de doctrines cyniquement séditieuses et anarchiques.... Vous avez extrait de cette feuille certains passages qu'il n'est pas inutile ici de reproduire. Je vais donc copier quelques unes de vos citations (pag. 56 et 57): « 1° Il ne » faut point désespérer de voir un jour une nation » grave, pénétrée *de ce qu'elle veut*, et le demandant » avec *cette force de persuasion à laquelle aucun Gou-* » *vernement n'a jamais résisté...* » 2° (pag. 59 et 60): « On se repentira peut-être de cette paix (synonyme » de la liberté de la presse) qui favorise la commu- » nication des idées.... En France, le Gouvernement » recule, et le peuple avance. C'est pour le Gouverne- » ment que cette position n'est pas tenable.... La dé- » mocratie instruite et agissante déborde de toutes » parts. La force des peuples est irrésistible; mais ils » n'ont pas besoin d'y recourir. Quand on sait que » chaque chose sera bientôt mise à sa place, est-ce la » peine de faire usage de la force, *pour n'arriver qu'un* » *peu plus vite?*.... L'autorité nous laisse sans appui, » tandis qu'il suffiroit d'une volonté ferme et d'une » mâle résolution *pour nous sauver nous-mêmes.* — » 3° Et enfin (pag. 61), dans l'intérieur des familles, » on se console à huis clos par le souvenir de la Mar-

» seillaise qui, de génération en génération, réveillera » les rois en sursaut. »

Je dois croire, Monsieur, que ces citations sont textuelles, puisque vous les accompagnez de guillemets dans votre brochure. Dans cette croyance, je conviens avec vous qu'elles renferment une tendance trop manifeste à la révolte et à l'anarchie; mais en même temps elles contiennent des leçons applicables à notre ministère, et surtout des avertissements qu'il auroit dû mettre à profit. « En France, dit la feuille anarchique, le Gouvernement *recule* et le peuple *avance*. » Pour le Gouvernement, cette position n'est pas tenable. » Premier avertissement donné au ministère par le journal que vous dénoncez si justement à la sollicitude des Chambres. « La force du peuple est irrésistible, mais... Est-ce la peine de faire usage de sa » force POUR N'ARRIVER QU'UN PEU PLUS » VITE!!! » Second avertissement, également donné au ministère par la même feuille, et qui lui révèle en outre le secret de cette inertie raisonnée à laquelle les révolutionnaires se condamnent, par la certitude qu'ils ont d'*arriver*, mais un peu moins *vite*, à leur but.

Ainsi, voilà nos ministres bien et dûment avertis que le calme plat, qui leur semble une paix inaltérable dont ils se glorifient, est un calme précurseur de la tempête. Qu'ont-ils fait et que font-ils pour la conjurer? Pourquoi, ensuite, n'avoir pas sévi contre cette feuille? Auroient-ils redouté la répercussion sur eux-mêmes des vérités trop incontestables que sa naïveté leur révèle?...

Cependant, Monsieur, il y a, dans ce journal, des choses bien autrement condamnables qui ont échappé à votre investigation, mais non point à la mienne. Je les ai aussi littéralement transcrites sur mes tablettes, avec l'intention d'y répondre dans un moment de loisir. En voici deux que je prends au hasard :

« 1°. Quand voudra-t-on reconnoître que la généra-

» tion de trente à quarante ans, à qui il appartient, » *quoi qu'on fasse pour s'y opposer*, de diriger le mou» vement social, n'avoit, depuis trente-cinq ans, qu'un » seul triomphe, celui de la volonté nationale manifes» tée en 1789?..... La société (c'est-à-dire le peuple), » agissant depuis lors (comme en 1793), reste enfin sou» veraine....... Tant pis pour les gouvernants, si, au » lieu de diriger la société, ils la laissent marcher toute » seule....... Malheur à eux, s'ils pouvoient être un » obstacle!... » (En d'autres termes, *les insurrections sont là, s'ils s'avisent de résister*) (1).

« 2°. L'opposition révolutionnaire, qui procède par » insurrection, a été souvent employée sans fruit; c'est » qu'elle ne convient guère que dans deux cas : ou » lorsque les lumières sont peu répandues, les commu» nications difficiles, l'aisance rare et la tyrannie exces» sive ; ou bien lorsque la société est parvenue à certain » degré de civilisation, derrière des pouvoirs qui sont » restés au-dessous d'elle par leurs lumières, mais dont » la force matérielle ne peut céder qu'à la violence.... » C'est une très-fâcheuse nécessité, contre laquelle » viendront échouer les alliances et les cordons sani» taires (2). »

Que pensez-vous, Monsieur, de ces deux passages? Les trouvez-vous assez significatifs? Ils ne renferment pas seulement de graves avertissements pour l'autorité : ce ne sont pas seulement non plus des menaces insolentes, mais de véritables provocations à la révolte. Que répondent à cela nos ministres? Dans l'acte d'accusation qu'ils ont dirigé dernièrement contre le *Constitutionnel* et le *Courrier*, nous les voyons manifester la sécurité la plus aveugle sur l'état de la monarchie. La légitimité, disent-ils, n'a plus rien à redouter; on ne l'attaque plus, on reconnoît sa force.

Cette assertion plus qu'indiscrète, parce qu'elle est

(1) *Journal du Commerce*, du 28 août 1825.

(2) *Idem*, 8 septembre 1825.

inexacte, a comblé de joie le *Constitutionnel* et le *Courrier*. Ils savoient bien, ces habiles journalistes, sur quel point ils étoient vulnérables; et, quoi qu'en ait dit l'acte d'accusation, les ministres le savoient également. Mais en attaquant le *Constitutionnel* et le *Courrier* sur leurs doctrines révolutionnaires, il falloit aussi, Monsieur, attaquer le *Journal du Commerce*, qui les surpasse en cynisme. Or, quel homme aujourd'hui, tant soit peu au courant de nos feuilles périodiques, ignore que le *Journal du Commerce*, intrépide défenseur du trois pour cent, a l'honneur d'être, depuis trois ans, la feuille favorite de M. de Villèle*!* Qui n'a pas lu vingt fois dans le *Journal de Paris*, dans la *Gazette de France*, dans l'*Étoile* et dans le *Moniteur*, des articles sur les trois pour cent, cités avec éloge, et littéralement empruntés au *Journal du Commerce* par ces quatre échos du ministère? Dans cette fausse position, le moyen d'attaquer un journal consacré par M. de Villèle, comme une autorité en matière de finance! Périsse donc la monarchie par les doctrines, périsse l'esprit public, pourvu que le trois pour cent resplendisse de santé!... Soyez de bonne foi, Monsieur; la plaie du ministère n'est-elle pas un peu plus sérieuse qu'il ne vous le semble dans votre pamphlet?

Après avoir envisagé la licence de la presse dans ses rapports avec l'esprit public, vous considérez la liberté de la presse en thèse générale, et vous dites (pages 63 et suivantes) que le grand bien renfermé dans cette liberté, n'est que d'une très-médiocre valeur. « En effet, » ajoutez-vous, jusqu'où ce bien peut-il s'étendre? Pas » plus loin qu'à donner aux rois et aux ministres des » leçons que fort heureusement ils n'écoutent guère; » qu'à ramasser de tous côtés des reproches et des accu- » sations qui se perdent dans les airs; qu'à provoquer » des changements et des destitutions qui n'arrivent » point...... »

Entendons-nous : cette liberté *de donner des leçons aux ministres* est, à vos yeux, *un bien d'une très-*

médiocre valeur, parce que des *leçons* de ce genre *se perdent dans les airs*. En ce cas, Monsieur, à quoi bon rétablir la censure, puisque, de votre aveu, les ministres se moquent d'être censurés? Prenez-y garde; nous autres royalistes, nous ne repoussons la censure que parce qu'elle nous enleveroit cette liberté (si nécessaire dans notre constitution politique), *de donner des leçons aux ministres*, *de provoquer des changements et des destitutions*, quand bien même ces *leçons ne seroient point écoutées*, *ces changements et ces destitutions n'arriveroient point* : car il n'est pas décidé, ce me semble, que MM. de Villèle et Corbière soient des ministres immuables, ou qu'après eux viendront des successeurs qui traiteront aussi cavalièrement qu'ils le font l'opinion des gens de bien. Accordez-nous donc, Monsieur, cette liberté qui vous semble d'une si *médiocre valeur*, et que vous qualifiez de *jeu niais et enfantin* (page 66); nous examinerons ensuite avec vous cette grande et importante question que vous ne traitez point, celle de savoir s'il est impossible de réprimer les écrits irréligieux et anarchiques autrement que par le frein de la censure. Je croyois aborder de suite cette question; mais je m'aperçois que mes notes marginales sur votre pamphlet ne sont pas épuisées, et que vous m'offrez encore de nouveaux arguments qui justifient *l'inquiétude* des hommes *monarchiques*, ainsi que la réalité du mal que j'ai qualifié de *plaie du ministère*.

A la page 65, vos couleurs se rembrunissent : vous nous retracez en peu de lignes un tableau effrayant de notre situation; et ce qui vous épouvante le plus dans cette situation, c'est que « le Gouvernement royal est » menacé au nom des républiques du Nouveau-Monde, » et sommé, pour ainsi dire, de rendre à la révolution » les conquêtes dont il l'a chassée. (Page 65.) » En vérité, Monsieur, je me perds dans vos inconséquences, passez-moi le terme, dans votre maladresse! Eh quoi! vous vous déclarez l'apologiste de M. de Villèle;

vous nous le présentez comme une nécessité ministérielle qu'il faut subir, sous peine de mort pour le Gouvernement légitime, et vous oubliez que c'est M. de Villèle lui-même qui, le premier, *a menacé le Gouvernement royal au nom des républiques du Nouveau-Monde;* que c'est M. de Villèle, affilié, dit-on, par alliance, à la race des mulâtres, qui a placé en tête *des républiques du Nouveau-Monde* ce hideux ramas d'esclaves africains qui ont égorgé des Français leurs bienfaiteurs et leurs maîtres; que c'est M. de Villèle qui a permis, qui a ordonné à des agents diplomatiques du Roi de France d'associer au nom sacré de Charles X celui d'un insolent mulâtre et celui d'un régicide; qu'enfin, c'est M. de Villèle qui, par un acte de son administration, aussi repoussant et aussi monstrueux qu'il est impolitique, *a sommé le Gouvernement royal de rendre à la révolution les conquêtes dont il l'a chassée!!...*

Vous terminez, Monsieur, votre paragraphe sur la liberté de la presse, en comparant les effets actuels de cette liberté avec ceux qu'elle a produits parmi nous, vers la fin du 18e siècle. « Si l'on demande, dites-» vous, au 18e siècle des renseignements sur la liberté » de la presse, il vous répondra que, pour lui avoir » seulement entrouvert une porte, toute la révolu-» tion y a passé,.... que si l'on demande ensuite à » cette même révolution de quelle manière elle a été » forcée d'agir envers l'amie qui l'avoit introduite,... « elle vous répondra que son premier soin a été de » l'étouffer, pour n'en être pas étouffée elle-même... (Pages 67 et 68.) » Il y a, Monsieur, dans cette phrase de la prétention à l'esprit; mais je vous avouerai, à ma honte, que j'ai eu bien de la peine à lui donner un sens. Vous voulez dire, si je ne me trompe, que la liberté de la presse a enfanté *toute la révolution*. Sur ce point, je ne suis pas tout-à-fait d'accord avec vous. Au 14 juillet 1789, la révolution s'est manifestée tout entière, comme une souveraine au milieu des Français ; et, à cette époque, la liberté légale de la presse n'existoit pas. Vous annoncez ensuite que la révolution, pour ne pas être étouffée par la liberté de la presse, a étouffé cette même liberté. Ici, Monsieur, nous sommes du même avis. Il est bien vrai que la liberté de la presse auroit étouffé la révolution et ramené la monarchie légitime, d'abord en 1792, puis en vendémiaire, puis au 18 fructidor, si, à ces diverses époques mémorables, les révolutionnaires n'avoient eu l'habile prévoyance de l'étouffer par des proscriptions et des échafauds. Ainsi, de votre aveu, la liberté de la presse est l'ennemie la plus terrible de la révolution, et l'appui le plus solide de la monarchie légitime. Cependant, au nom de cette monarchie, au nom d'un ministère que vous nous présentez comme le bouclier de la légitimité, vous voulez rétablir la censure!!... Expliquez-vous.

Vous n'êtes point heureux, Monsieur, dans vos rapprochements historiques. Traversant la république révolutionnaire, vous arrivez (page 68) à Buonaparte. Rempli d'admiration pour ce personnage extraordinaire, vous dites que c'est lui « qui a décidé la question ;... que la liberté de la presse ne peut jamais viser qu'au mal ;... que son but ne sauroit être que l'agitation et la guerre ;... qu'en un mot, Buonaparte n'en a point voulu, parce qu'aucune durée ne peut être promise aux Gouvernements qui oseroient se placer entre notre caractère national et la liberté de la presse. » Ainsi, votre conclusion, Monsieur, c'est-à-dire toute la pensée de votre pamphlet et son but unique, est qu'il faut rétablir la censure, comme elle l'étoit sous le règne si libéral et si paternel de Buonaparte. Je ne doute nullement que cette censure, si bénigne et si appropriée *à notre caractère national*, ne convînt parfaitement à MM. de Villèle et Corbière, qui s'accommoderoient fort bien de représenter, chacun pour moitié, un entier comme Buonaparte. Mais conviendroit-il à Charles X de se déclarer le continuateur de l'Empire ? Les maximes de l'usurpation sont-elles conciliables avec les serments solennels qu'il a prêtés comme Roi légitime? Enfin, Monsieur, apprenez-moi donc quel usage MM. de Villèle et Corbière veulent faire, en définitif, de cette Charte qui les importune ?

Encore un mot sur les deux dernières *inquiétudes*, que vous attribuez aux gens de bien : l'une sous le titre de *plaie de la flatterie*, l'autre sous celui de *plaie de l'impunité*. Je le confesse, ces deux plaies, comme je les conçois, sont réelles, et elles affligent profondément les amis de la religion et du trône. Aussi, quand je vous ai vu traiter *la plaie de la flatterie* dans un chapitre spécial, je m'attendois à passer en revue la troupe incommensurable des flatteurs à la tribune, des flatteurs dans les journaux salariés, des flatteurs dans les antichambres, dans les salons et dans les boudoirs de nos Excellences ; je m'attendois surtout à une peinture vive et dramatique des quatre à cinq cents flatteurs en carrosse qui viennent régulièrement, une fois par semaine, déposer leur grain d'encens dans la cassolette ministérielle; ridicule et triste cérémonial étranger à nos mœurs, inconciliable avec la fierté française, renouvelé de cette étiquette impériale imaginée par un ex-conventionnel devenu prince archi-chancelier. Mais non, ce n'est pas là le point de vue sous lequel il vous a plu d'envisager *la plaie de la flatterie*. La censure est une *idée fixe* qui déborde dans toutes vos pages, mêlée à un secret sentiment d'humeur contre l'inamovibilité de la magistrature et celle de la pairie. Car, quelle autre interprétation peut-on donner à ce peu de lignes que j'extrois littéralement de votre brochure : « Combien de louanges douces les journaux révolu- » tionnaires n'ont-ils pas trouvées pour la magistrature, » depuis un an, aux dépens du Gouvernement du Roi ! » Avec quel soin et quel art ils l'ont choyée dans tous » les à-propos qu'ils ont pu saisir !... Enfin, ils ont ré- » pété à la magistrature, à peu près dans les mêmes

» termes, l'heureux compliment adressé par un d'eux » à la Chambre des Pairs : *C'est un collége de tribuns » inamovibles, ayant le veto....* (Pages 72 et 73.) » Ce n'est pas tout ; dominé par ce même sentiment d'humeur contre la magistrature, à propos de la flatterie, vous invoquez les maximes de Machiavel, et vous nous dites : « Aux yeux des peuples, un mauvais droit, sou» tenu par la vigueur et le nerf de l'autorité, fait » beaucoup plus d'impression qu'un bon droit aban» donné à lui-même. Certes, le pouvoir de Louis XVI » étoit plus légitime que celui des Gouvernements qui » l'ont usurpé ; mais quand la liberté de la presse eut » réduit ce pouvoir à un droit sans force, il valut » bientôt moins que la force des Gouvernements sans » droit. (Page 71.) » Dans ce peu de mots, je trouve l'apologie de toute la politique de Buonaparte, fondée sur l'arbitraire, sur la force et sur la censure. Je ne m'étonne plus dès-lors si, dans votre opinion, les ministres du Roi de France doivent être, malgré eux et malgré le Roi, *les exécuteurs testamentaires de Buonaparte et de la révolution.*

Votre idée fixe (la censure) se développe encore avec plus d'éclat dans votre dernier chapitre, où il est question de l'*impunité.* Vous considérez les derniers arrêts de la Cour royale de Paris comme une déclaration solennelle d'impunité, à l'égard des délits de la presse, et vous vous écriez (page 74) : *O felix culpa !* Ainsi, que la religion soit impunément outragée, *ô felix culpa !* que le trône soit impunément avili, *ô felix culpa !* que les mœurs se dépravent, que les esprits se façonnent à la révolte, grâce à l'impunité, *ô felix culpa !* Voilà donc la naïve explication de l'insouciance avec laquelle le ministère s'endort depuis quatre ans sur la réimpression des mauvais livres, sur la circulation des écrits impies et séditieux : *ô felix culpa!* Oui, faute trop heureuse, puisqu'elle forcera le Roi et les Chambres à rétablir la censure ! C'étoit là précisément la tactique de M. Decazes, lorsque, pendant quatre ans, à l'ouverture de chaque session, il apportoit des projets de loi sur la censure et contre la liberté individuelle, si vivement combattus par MM. de Villèle et Corbière. Etoit-ce donc la peine à ces Messieurs de le supplanter pour continuer sa politique?

Dans ma troisième lettre, qui sera la dernière, j'examinerai, Monsieur, si effectivement la censure est le seul remède applicable aux plaies qui nous rongent, et qui désolent *les gens de bien*. J'aurai occasion, dans le cours de ma discussion, de rappeler à la mémoire des Français certaines doctrines politiques administratives, professées, sans contradiction, à la tribune, par MM. de Villèle et Corbière dans la dernière session, et qui, par le plus singulier des hasards, se trouvent reproduites, commentées et justifiées dans votre pamphlet; d'où il me sera permis de conclure, ou que votre pamphlet vous a été commandé par le ministère, ou que vous-même vous avez été son inspirateur et son pédagogue dans la dernière session. Vous ne pourrez, je l'espère, méconnoître cette conclusion, qu'en invoquant cet adage : Les grands esprits se rencontrent! *Benè sit.*

J'ai l'honneur d'être, etc.

C. P. D.

Paris, le 14 février 1826.

IMPRIMERIE DE C. J. TROUVÉ, RUE DES FILLES-SAINT-THOMAS, N° 12.

INQUIÉTUDE MONARCHIQUE,

OU

LETTRES

EN RÉPONSE A LA BROCHURE ANONYME

INTITULÉE :

LES INQUIÉTUDES RÉVOLUTIONNAIRES,

OU LES MALADIES QUE NOUS N'AVONS POINT,

SUIVIES DE CELLES QUE NOUS AVONS.

TROISIÈME ET DERNIÈRE LETTRE.

Faut-il rétablir la censure ?

Vous vous plaignez, Monsieur, et tous les bons esprits se plaignent avec vous, de ce que la liberté de la presse, consacrée par la Charte, a dégénéré en licence. Mais, avant d'apprécier vos doléances, il convient de bien fixer les idées sur ce qu'il faut entendre par *liberté de la presse*. On a beaucoup écrit et beaucoup discouru sur cette matière, depuis la restauration, parce que, si la liberté de la presse est un bienfait, la France n'en a réellement joui que depuis cette époque. Moi, j'envisage cette liberté uniquement sous deux points de vue : 1° Faculté indéfinie de faire imprimer ses œuvres et réimprimer celles d'autrui, sans une permission préalable de l'autorité; 2° faculté également indéfinie, et sans entraves, de publier des journaux quotidiens et périodiques. A-t-on, depuis la restauration, porté l'abus de ces deux facultés jusqu'à la licence? Je ne balance point à répondre avec vous : OUI ! Mais lequel de ces deux abus est le plus funeste, et commande une plus rigoureuse répression? Ici, Monsieur, nous ne sommes plus d'accord. Je soutiens que c'est l'abus de l'impression et de la réimpression des mauvais livres. J'ai encore présente à la mémoire l'opinion émise à ce sujet par M. le président du conseil, dans la session de 1825. On avoit tort, suivant lui, de s'alarmer de la réimpression des mauvais livres, parce que plus ils se multiplioient, moins ils devenoient dangereux, et que l'abus de la presse se corrigeoit par ses excès... Voilà ce qui nous explique, sans doute, pourquoi, dans l'intervalle de sept années, dont quatre appartiennent à l'administration de M. de Villèle, plus de mille six cents exemplaires des œuvres complètes de Voltaire ont été réimprimés et distribués impunément jusque dans les chaumières, et aux prix les plus modiques; voilà pourquoi la France a été inondée, dans le même laps de temps, par la réimpression des œuvres d'Helvétius, de Diderot, de Raynal, de Condorcet, d'Holbach, etc., etc. M. de Villèle s'endort paisiblement sur cet effroyable déluge, parce que « l'abus de » la presse en corrige les excès... »

En revanche, à vos yeux, la grande, la terrible, l'unique plaie qui menace notre existence sociale, c'est la licence des journaux quotidiens et périodiques. En cela, vous êtes l'interprète du triumvirat ministériel, qui a saisi l'espèce d'interrègne d'un monarque expirant, pour nous octroyer la censure à son insu, sur des motifs!... La France sait ce qu'ils valent; n'en parlons point. Pendant quatre ans, M. Decazes ne rêvoit aussi que censure; il n'en dormoit plus. Il paroît que la même insomnie travaille Nos Excellences, surtout depuis deux ans. Les journaux quotidiens, autres que *le Journal de Paris*, *la Gazette de France* et *l'Étoile*, sont devenus trop substantiels et trop anti-narcotiques pour leurs complexions délicates; il leur faut le bienheureux soporifique de la censure, dont l'impitoyable ciseau atteindra, dans ces journaux, tout ce qui ne contiendra point une apologie hyperbolique des 3 pour 100, des marchés Ouvrard, de l'émancipation d'Haïti, du syndicat, de l'agiotage, des manœuvres électorales, de la corruption des consciences... Soyez de bonne foi, Monsieur : si tous les journaux quotidiens n'étoient autres que *le Journal de Paris*, *la Gazette de France*, *l'Étoile*, *le Pilote* et *le Moniteur*, n'est-il pas vrai que M. de Villèle ne songeroit point à la censure ; qu'il se prévaudroit, au contraire, de leur servile et mercenaire adulation, pour faire valoir la supériorité de son génie, l'importance et la nécessité de ses services ? Ce qu'il appelle, ainsi que vous, *licence des journaux*, ce sont les attaques énergiques contre les actes désastreux et trop multipliés de sa funeste administration. C'étoit pour réprimer cette prétendue licence, bien plus que pour servir la religion, que le ministère a provoqué le dernier procès en tendance contre *le Constitutionnel* et *le Courrier* : car si la religion de l'État est en péril, c'est bien moins par de vaines et fugitives déclamations sur les Jésuites, et sur ce qu'on appelle, je ne sais pourquoi, la congrégation ; c'est bien moins par d'insignifiantes controverses sur les libertés de l'Eglice gallicane, que par l'effrayante multiplication des mauvais livres. Je me trompe fort, Monsieur, ou si le dernier réquisitoire du ministère public devant la Cour avoit eu franchement pour but la répression de ce fléau, la Cour l'auroit accueilli avec empressement, et vous ne garderiez pas contre elle une si profonde rancune.

Toutefois, n'allez pas croire que je sois fort engoué de la liberté de la presse ; j'en déplore, comme vous, les abus, même sous le rapport des feuilles quotidiennes et périodiques ; mais j'ajoute en même temps qu'elle est un caustique appliqué sur notre corps social, qu'on ne peut supprimer sans péril pour sa conservation.

Aussi, bien loin d'admettre avec vous « qu'aucune » durée ne peut être garantie à un Gouvernement qui » osera se placer entre notre caractère national et la » liberté de la presse (p. 68), » je maintiens, au contraire, qu'un Gouvernement qui osera se placer entre la censure et notre caractère national, périra. Cela vous paroîtra paradoxal; suivez-moi dans ma course rétrograde.

En 1789, 1790 et 1791, une populace effrénée, furibonde, incendiaire et s'abreuvant de sang; en face d'elle, la vraie population française tremblante, étouffant ses alarmes, mais en même temps caressant les fatales chimères de la philosophie.

En 1792 et en 1793, cette même populace, déclarée souveraine légitime, assassinant les prêtres, assassinant son Roi, proclamant comme pacte constitutionnel, par l'organe de ses prétendus représentants, l'athéisme, l'anarchie, l'impureté, la spoliation et tous les crimes contre nature. En présence de cette populace, toujours la vraie population française plus consternée et plus flétrie que jamais; mais pour cette fois désabusée des chimères de la liberté et de l'égalité; redemandant au fond de sa conscience, dans la confidence silencieuse de ses foyers, et au milieu de gémissements comprimés par la terreur, et la Religion, et ses ministres, et son Roi, et ses anciennes constitutions.

En 1794, un décemvirat, formé des plus forcenés régicides, poursuivi par l'ombre sanglante du meilleur des rois; calculant froidement les suites terribles du plus grand des forfaits; ne voyant son salut que dans les fureurs organisées et soldées de la populace, sa mort que dans l'expression librement manifestée des douleurs de la vraie population; gorgeant la populace de dépouilles, de flatteries et de souillures; proscrivant, massacrant, foudroyant et spoliant la vraie population. Cet habile décemvirat, pour s'affranchir de toute contradiction, envahissant tous les pouvoirs et toutes les hiérarchies de l'administration publique; les parquant sous sa férule immédiate dans vingt bureaux réunis sous la même clef au château des Tuileries, et posant ainsi, dans le Comité de salut public, les premiers fondements de cette centralisation désastreuse, si chère encore aujourd'hui à MM. de Villèle et Corbière. Cette centralisation divisant bientôt les décemvirs, en réveillant les ambitions personnelles par ses perfides amorces. A l'aspect de cette guerre intestine, la populace se divisant à son tour, et se dispersant d'elle-même, soit par fatigue, soit par dégoût, soit plutôt par une impulsion de la divine Providence. De ce moment, une portion des décemvirs implorant, pour combattre l'autre qui a conjuré sa perte, l'appui de la vraie population, c'est-à-dire l'appui des royalistes et celui des gens de bien. De ce moment aussi, la vraie population, armée du flambeau de la liberté de la presse, poursuivant sans relâche, stygmatisant, flétrissant avec le fer chaud de l'opinion les régicides, les sacriléges, les anarchistes et les impies. Bientôt ceux-ci, effrayés d'une réaction qui va les écraser, cherchant des recrues sous les haillons, au fond des tavernes, et jusque dans les égoûts de la capitale, pour remplir ses cadres disloqués et recomposer ses bataillons. Mais aussi la vraie population, forte de son nombre et de ses nobles livrées, balayant devant elle ces hideuses recrues; arrachant à la populace son sceptre sanglant, et le brisant pour jamais, en 1795, aux acclamations de l'univers...

Triomphe, hélas! de trop courte durée! La liberté de la presse, il est vrai, comme un vaste incendie, enflammoit tous les cœurs français; la Religion alloit rentrer dans son temple et réédifier ses autels; les Bourbons s'acheminoient vers le trône, et la révolution alloit expirer dans le sang justement versé des régicides. Mais que fait la Révolution alarmée? La populace est morte; mais la force armée est debout; c'est elle qui désormais va se déclarer l'auxiliaire et l'instrument de la Révolution, qui va décider à l'avenir des destinées de notre belle patrie. La vraie population tout à coup est sabrée, mitraillée dans les églises, dans les rues, et jusque dans ses foyers domestiques. Les échafauds, les proscriptions et les exils succèdent aux exécutions militaires. Une pentarchie tyrannique, sous le nom de Directoire, remplace le décemvirat conventionnel, ressaisit la centralisation des pouvoirs, proscrit de nouveau les gens de bien dans leurs personnes, dans leurs familles, dans leurs fortunes, dans leurs affections, dans l'expression de leurs pensées et dans leurs croyances; s'empare de la jeunesse, l'abreuve des poisons de la philosophie moderne, et la façonne aux doctrines impies et anarchiques. Heureusement pour la France, la Révolution, croyant affermir sa puissance et ses doctrines, avoit imaginé le renouvellement triennal des représentants du peuple. Elle ignoroit que les mœurs anciennes et les traditions monarchiques et religieuses s'étoient conservées dans les familles. Le renouvellement triennal, inventé pour consolider la Révolution, doit la renverser. La liberté de la presse reprend son essor; la centralisation s'ébranle et se disjoint dans les départements : la Révolution va tomber; la Religion et la Monarchie vont reparoître...

Soudain la Révolution appelle à son secours, non pas la populace (encore une fois elle est morte), mais toujours la force armée et disciplinée. Aussitôt des députés royalistes et chrétiens sont décimés et déportés par la violence; les presses sont brisées, les écrivains, martyrs de l'autel et du trône, traînés à l'échafaud ou relégués dans les sables brûlants de Synamary, et la centralisation est resserrée par de nouveaux envahissements au profit de la pentarchie. Voilà donc encore cette pauvre France condamnée à subir l'ignoble joug de cinq régicides arbitres tyranniques de ses destinées! Les fautes, les inepties, les concussions, la corruption, l'ignorance, l'entêtement et l'orgueil rendent bientôt leur domination insupportable. La populace, toujours muselée, toujours immobile, se tait, et rien ne la remue; mais aussi la force armée, fière de ses précédents triomphes, continue à exercer la toute-puissance. Un soldat heureux arrive à la tête de vingt grenadiers; il renverse en vingt-quatre heures, et sans brûler une amorce, et la constitution pentarchique, et les pentarques et toutes les institutions démagogiques; il improvise, avec la pointe de son épée, un gouvernement purement militaire, en conservant toutes les doctrines de la révolution, en rassasiant d'or et de dignités ses fondateurs, ses instruments et ses Séïdes. La centralisation, qui lui a été léguée par le Comité de salut public et par le Directoire, se réorganise et se réconforte sous ses mains à la manière asiatique; la centralisation, seule principe de vie et de durée pour les usurpateurs et pour les tyrans. La presse, seul principe de leur mort, la presse, alors unique organe de la religion et du trône, la presse subit de nouvelles étreintes, et gémit accablée sous le poids de nouveaux fers. Toutefois, elle auroit triomphé; car sa puissance, j'en conviens avec vous, Monsieur, est incalculable et sans mesure sur le caractère français. Mais qu'a fait l'habile et profond usurpateur? Il n'a point songé, comme M. de Villèle, à comprimer ou à dénaturer le caractère de la nation, qui est et sera immuable comme le sol qu'elle habite; il a seulement changé son régime de vie, en la saturant de pâtures militaires, glorieuses et philosophiques, et en proscrivant en même temps, sous peine de mort, les aliments religieux et monarchiques.

Arrêtons-nous un moment, Monsieur, à ce dernier trait. Quinze années de triomphes, de conquêtes, d'agrandissements et de prodiges, enivrent une nouvelle génération, nourrie des illusions de la gloire et de la philosophie. La terrible catastrophe de Moscou lui ouvre les yeux. La gloire militaire, toutefois, n'est pas désavouée : en France, elle ne peut jamais l'être; mais la philosophie, escortée de trois puissants fantômes, la liberté, l'égalité, et l'infaillibilité de la raison humaine, prend le dessus. Bientôt, dès-lors, l'opinion déserte le superbe conquérant; il n'est plus soutenu désormais que par de vieilles légions armées, pointant leurs baïonnettes contre l'opinion qui ne leur oppose que des pamphlets, des sarcasmes, des quolibets et des chansons : car la vraie et saine population avoit gardé et elle gardera, pendant plus d'un siècle, le souvenir des mitraillades de vendémiaire. Dans ce désarroi de l'opinion, c'est encore la force armée (mais malheureusement une force armée étrangère!) qui, sans l'assistance de la population indigène, renverse l'usurpateur, lui inflige le sort de Prométhée déchiré par le vautour sur la cime du rocher où il est enchaîné; elle nous ramène enfin, après 25 ans, nos princes légitimes.

N'est-ce pas encore, Monsieur, la liberté de la presse, exprimant alors l'opinion de tous les partis, qui, la première, a salué les Bourbons aux portes de la capitale, et les a réinstallés en triomphe dans le palais de leurs ancêtres? Mais, hélas! Dans quel état le chef de cette royale famille a-t-il retrouvé la monarchie?... Démolie de fond en comble, et tous les débris dispersés en poussière! Ce ne sont plus les Français de Louis XIV, ni ceux de 1789, ni ceux de vendémiaire. Les souvenirs, les traditions, les mœurs, les habitudes, les usages, les lois, je dirois presque les croyances de l'ancienne France, tout est effacé, moins son caractère national. Plus de communautés, plus de grands corps dans l'Etat, plus d'immunités provinciales, plus d'anciennes coutumes, plus de priviléges, plus de classification, plus d'esprit de famille, plus de contre-poids; la puissance militaire en possession, depuis 21 ans, de faire, défaire et refaire, au gré de ses caprices, les lois constitutionnelles, civiles et pénales; de créer, de renverser, et de recréer des chefs suprêmes de l'Etat, sous diverses dénominations plus ou moins bizarres; la puissance militaire s'appuyant toujours, au milieu des perturbations politiques, sur le monstre aveugle de la centralisation, et sur l'asservissement de la presse; enfin, une génération tout-entière couvrant la surface de la France, et pour laquelle les mots sacrés de *religion* et de *légitimité* sont vides de sens, ou sont des objets de dérision et de haine. Que fait Louis XVIII, conduit par la main de la Providence au centre de ce chaos? Après avoir franchement reconnu l'impossibilité de rétablir l'ancien édifice social, son premier soin est de frapper de mort le pouvoir militaire, en sacrifiant généreusement les plus belles prérogatives du pouvoir royal qu'il tient de Dieu. Il établit, à cet effet, deux grands corps qu'il associe avec lui dans l'exercice de la puissance législative. Dans la formation des lois, l'un, privilégié et immuable, exprimera le vœu des grandes notabilités anciennes et nouvelles; l'autre, électif et temporaire, exprimera celui de la nation entière : concession grave, commandée sans doute autant par les nécessités du temps que par le caractère national, ennemi de tous les genres d'oppression, et surtout de l'oppression qui pèse sur la parole et sur la pensée! Maintenant, Monsieur, expliquez-moi la possibilité, pour la nation comme pour les notabilités, d'exprimer leurs vœux, c'est-à-dire leurs besoins, sans l'affranchissement de la parole, et sans celui de la pensée. Aussi avons-nous vu le royal législateur fondre en quelque sorte deux autres concessions dans la première, pour n'en former qu'une seule indivisible : l'une, la publicité des délibérations dans la chambre populaire, et l'autre la liberté de la presse.

Après le besoin d'étouffer pour jamais, dans l'avenir de la France, toute semence de gouvernement militaire, l'auguste restaurateur de notre patrie a senti qu'il ne suffisoit pas de convertir en loi le vœu librement manifesté par la nation et les notabilités, de concert avec le trône; qu'il falloit encore garantir l'efficacité de cette loi par une fidèle exécution. De là, un autre besoin qui n'a point échappé à la sagacité du législateur suprême, celui d'anéantir la centralisation, cette odieuse et fétide production de la tyrannie, qu'il se proposoit de remplacer par de fortes institutions religieuses et monarchiques. C'étoit là le principal objet de ses méditations; ce devoit être le complément de son œuvre: mais il lui falloit des coopérateurs. Soixante ministres, pendant dix ans, ont subi successivement sa royale épreuve, tous lui promettant une infatigable et fructueuse assistance, mais presque tous ne songeant qu'à satisfaire leur cupidité, celle de leurs parents, de leurs amis et de leurs flatteurs...

Qu'est-il résulté, Monsieur, de cet état de choses qui s'est prolongé depuis la restauration jusqu'à ce jour? Le caractère français n'étant plus ni distrait par le cliquetis des armes, ni ébloui par l'éclat des conquêtes, a repris toute son intensité. Né raisonneur, impatient et frondeur, uniforme dans ces trois éléments qui tiennent à sa substance, il a pris toutefois deux directions opposées, résultant de la diversité des lois, des mœurs, des âges et des temps. Dans l'une, le caractère français, vide d'anciens souvenirs, vide d'idées monarchiques et de croyances religieuses; mais enflé par les vapeurs d'une philosophie orgueilleuse qui avoit placé la raison de l'homme au niveau de la raison divine; dans l'autre, le caractère français, tout plein de l'ancienne France, de sa prospérité, de sa gloire et de sa force, sous la double influence de la religion et de la légitimité; d'ailleurs, le caractère français, unanime sur la nécessité de se rallier à l'œuvre comme à la pensée du royal législateur; demandant en conséquence à grands cris, quoique dans des vues différentes, ces institutions depuis dix ans promises, et depuis dix ans ajournées, qui devoient détruire la centralisation, objet de tous les mépris, de toutes les impatiences et de toutes les haines; la centralisation qu'il faut renvoyer à Constantinople, où elle a pris naissance, et qui ne doit plus souiller désormais la noble patrie des Francs.

Et cependant, Monsieur, ce monstre emprunté à Mahomet par le Comité de salut public, qui l'a transmis à l'Empire, où il s'est converti en système fondamental ; ce monstre que vouloit étouffer le dernier Roi, nos ministres, depuis 12 ans, l'ont choyé, caressé, entretenu, et en quelque sorte consacré, en lui imprimant, à l'insu du Prince, l'empreinte vénérée de sa légitimité. Ecoutez, Monsieur, l'un de vos patrons, M. de Corbière, parlant à la tribune des Députés, séance du 11 mai 1825 :

« La centralisation est bien autre chose qu'un système » d'administration ; c'est le *résultat forcé* de la situa- » tion où se trouve actuellement le pays. Je conçois » que lorsque des provinces avoient des priviléges dont » elles avoient eu soin de stipuler la conservation lors » de leur réunion successive à la France, certaines » administrations locales s'étoient réservé une part plus » ou moins considérable dans la levée et dans la répar- » tition de l'impôt.... Dans l'état où vous êtes, toutes » les dépenses publiques se font au moyen des contri- » butions votées par les Chambres, et les ministres en » ont la disposition entière sous leur responsabilité. » Voilà l'état de choses dans lequel vous êtes, *et dont* » *il est impossible que vous sortiez*, à moins de ces » mouvements qui arrivent dans l'ordre social, et tou- » jours au grand détriment de la société ; de ces mou- » vements de la nature de celui qui vous a fait sortir » de l'ancien ordre, tel qu'il existoit en 1788......... » (*Journal des Débats* du 12 mai.)

Ce passage vous paroît-il clair, Monsieur, et n'y retrouvez-vous point ce laconisme breton qui caractérise le ministre de l'intérieur? S. Exc. déclare nettement, et sans circonlocution, que la centralisation est un *résultat forcé de notre situation ;* qu'*il est impossible d'en sortir*, à moins d'un 14 *juillet*, d'un 10 *août*, peut-être même d'un 21 *janvier!!!*.....Et vous, Monsieur, plus méticuleux et moins tranchant dans vos expressions, vous nous apprenez que les ministres du Roi de France doivent, *avant tout, transporter dans leur système d'administration toutes les nécessités et toutes les créations révolutionnaires, parce qu'aux yeux de la politique dominante*, les ministres *ne sont que les exécuteurs testamentaires de Buonaparte et de la révolution.* N'avois-je pas raison de vous dire, en terminant ma deuxième lettre, que S. Exc. vous avoit inspiré, ou qu'elle l'avoit été par vous?

Il est à remarquer, au surplus, que ce manifeste en faveur de la centralisation, lancé par M. de Corbière dans la session de 1825, y a rencontré deux honorables suffrages. Savez-vous quels ils sont? celui de M. S. Girardin, et celui de M. Méchin. L'un et l'autre ont défendu les doctrines de S. Exc. sur la centralisation. « En la supprimant, ont-ils dit, vous ouvrez la porte à » la contre-révolution. »

Ainsi, nous sommes donc condamnés, et par le ministère et par le parti libéral, à subir la centralisation, sans possibilité d'en sortir autrement que par une commotion politique. J'entends, Monsieur, par centralisation l'exécution des lois, ou, si vous l'aimez mieux, l'action de la puissance exécutive concentrée. Mais dans quelles mains? Est-ce dans celles du monarque? Il ne peut rien sans la signature d'un ministre. Voilà donc, par le fait comme par le droit, la puissance exécutive hors des mains du monarque, et concentrée dans celles de cinq à six ministres! Vous direz qu'ils sont responsables devant les Chambres qui représentent le corps entier de la nation; mais alors conservez donc cette liberté de la presse périodique, que l'auteur de la Charte a, dans sa profonde sagesse, jugée inséparable du Gouvernement Représentatif, sans laquelle la responsabilité ministérielle est illusoire, sans laquelle le système représentatif n'est plus qu'un instrument de servilité et d'oppression.

« La centralisation, dites-vous avec votre patron, est » le résultat forcé de notre situation. » En ce cas, elle est donc un mal incurable; mais un mal, quel qu'il soit, a son palliatif plus ou moins efficace. Or, je vous porte ici le défi de trouver le palliatif de la centralisation ailleurs que dans la liberté de la presse périodique, qui seule éclaire le Trône et les Chambres, qui leur dénonce les abus, les envahissements, l'arbitraire et la tyrannie de la puissance exécutrice concentrée dans le ministère. Sans cette liberté, la centralisation n'a plus de frein; elle peut tout ce qu'elle voudra : paralyser l'action du Trône, en lui opposant le vain prétexte d'une responsabilité idéale; tromper les deux Chambres par une opinion factice, par des apologies salariées, par des dissimulations et par des mensonges, jusqu'au moment où elle parviendra à les avilir par les menaces et par la corruption. Que si, plus tard, la centralisation, enhardie par ses succès et par son impunité, veut, à l'instar du Directoire et du Consulat, changer le Gouvernement, dissoudre et décimer les Chambres, elle dispose de la force armée, essentiellement obéissante, où sera la résistance? La presse périodique est muette; les trois pouvoirs constitutifs de la législature sont passés dans les mains de la centralisation, c'est-à-dire du ministère. Pauvre France! quelle sera ta destinée! Sont-ils donc si loin de notre mémoire ces temps d'anarchie militaire, où la centralisation dépêchoit quatre-vingt-dix ou cent courriers, dans une nuit, pour porter à toutes les administrations départementales l'ordre de proclamer la chute de la constitution et du Gouvernement, leur remplacement immédiat par une autre constitution et d'autres gouvernants, qui devoient bientôt tomber de la même manière? Avons-nous oublié l'état de stupéfaction de nos provinces, en apprenant ces renversements inattendus? Elles restoient immobiles, puis elles obéissoient; et pourquoi? parce que la centralisation interceptoit toutes les voies ouvertes à la vérité; parce que la presse périodique étoit ou censurée ou complice, ce qui équivaut pour elle à l'absence totale de liberté.

Vous voulez, Monsieur, tout à la fois et la centralisation et la censure; eh bien! dites plutôt que vous ne voulez plus ni de la Monarchie, ni du Gouvernement Représentatif, et que vous les remplacez par le plus ignoble des despotismes, l'oligarchie ministérielle. Sous la monarchie absolue, les vœux de la nation, ses doléances et ses angoisses arrivoient au trône par de grands corps intermédiaires revêtus du droit de remontrance, par le clergé, par la noblesse, par la magistrature, par les états provinciaux, par les communautés municipales, et par les corporations. Tous ces organes n'existent plus sous la monarchie constitutionnelle; il n'y a que la presse périodique et libre qui les remplace. Elle seule aujourd'hui avertit le Trône, lui ouvre les yeux sur ses agents, amortit les conséquences outrées de ce qu'ils appellent leur responsabilité, lui conserve sur eux sa suprématie, le garantit, malgré eux, de leurs passions, de leurs bévues, de leur infidélité; dirige enfin l'exercice de sa plus belle prérogative, l'initiative de la loi.

Sous la monarchie absolue, « Louis XII avoit un » livre où étoient inscrits les noms des personnes les » plus distinguées de chaque province; à côté de leurs » noms, les dons, les grâces et les priviléges qu'il » pouvoit leur accorder. Venoit-il à vaquer quelqu'em» ploi honorable et important? il leur en envoyoit les » provisions, sans qu'elles eussent la peine de venir à » la cour, ni de les demander. François Ier, aussi gé» néreux, dispensoit ses bienfaits avec une égale in» telligence; d'où il arrivoit que dans le clergé, dans » les tribunaux, parmi la noblesse, parmi les troupes » et parmi le peuple, il y avoit une infinité de per» sonnes attachées au Roi lui-même, et qu'il ne se » passoit rien qu'il n'en fût informé. » (*Esp. de la ligue,* tome 1er, page 199.)

Sous la monarchie constitutionnelle, nous retrouvons bien sur le trône Louis XII et François Ier dans la personne de Charles X; mais Charles X n'a plus ni les prérogatives ni la puissance illimitée de Louis XII et de François Ier. Il a des ministres qui, sous le spécieux prétexte d'une responsabilité non définie, se prétendent les légitimes dépositaires de son autorité, les dispensateurs des grâces, des faveurs, des emplois et des dignités. Enfin, Charles X est entouré de ce que, dans votre pamphlet, vous qualifiez d'*obstacles* et de *créations inamovibles*. Otez-lui la liberté de la presse périodique; substituez à l'opinion nationale, dont elle est l'organe, l'opinion adulatrice et vénale du ministère, bientôt Charles X, ne voyant, n'agissant et ne pensant que par ses agents, ne sera plus qu'un fantôme inaccessible, caché dans des nuages... C'est par le son du tocsin qu'il apprendra tout à coup la félonie de ses ministres, les périls de sa personne et le bouleversement de son empire. Oui, Monsieur, plus, dans le système actuel de notre Gouvernement, la liberté de la presse périodique importune et entrave un ministère qui se croit indépendant parce qu'il est responsable, plus elle donne de relief et d'intensité à l'autorité royale. Un Roi de France aujourd'hui ne peut vouloir que le bonheur de ses sujets. Si sa force morale est dans la Divinité, sa force matérielle n'est plus que dans leur amour. S'il s'aliène le corps de la nation, il expose sa couronne et sa propre existence; car, par l'effet de cette centralisation qui vous semble être pour nous une nécessité politique, Charles X n'a plus ces institutions intermédiaires qui autrefois formoient autant de remparts inexpugnables autour du trône, et contre lesquels venoit se briser la fureur des flots populaires. Si la nation indignée se soulève, ou si elle est soulevée par des factieux, maîtres de la force armée, il faut que le trône s'écroule. Eh bien! la nation ne se soulevera point, si ses vœux et ses besoins légitimes, librement exprimés par la presse périodique, sont satisfaits. Ils le seront, si l'instrument de la presse périodique est interdit, sous peine de trahison au premier chef, à des ministres intéressés à les envenimer ou à les méconnoître. Ils le seront enfin, lorsque la liberté de la presse périodique sera proclamée comme le principe vivifiant du Gouvernement Représentatif, son principal besoin et le gage de sa durée. Liberté absolue à l'opinion contre le ministère; autrement, périls imminents et catastrophes inévitables pour l'autorité royale : voilà la situation délicate et difficile où la Charte nous a placés; il y a invincible nécessité d'y rester, pour ne pas périr.

C'est ainsi, Monsieur, qu'un honorable personnage (1), appelé, en 1815, au ministère de l'intérieur, envisageoit les fonctions éminentes qui lui avoient été confiées. Il savoit bien que, dans un Gouvernement Représentatif, le ministre du Roi n'est point appelé à s'asseoir sur des roses, à s'endormir au bruit de la louange, sur un sofa mollement rembourré. Un ministre du Roi sous l'empire de la Charte, doit être le bouc d'Israël. « J'autorise, m'a-t-il dit vingt fois dans » la confidence de ses épanchements, toute espèce » d'attaques contre mon administration et contre celle » de mes subordonnés. Les cartons du ministère sont » ouverts à mes dénonciateurs : il faut que la vérité » triomphe ou pour ou contre le ministère, parce » que la vérité et la franchise sont l'âme du Gou- » vernement Représentatif. Ainsi, carte blanche à la » presse périodique contre le ministère; mais aussi » le ministère inflexible et inexorable sur deux points, » la *religion* et la *légitimité*. » Voilà, Monsieur, quel étoit le langage d'un homme d'Etat profondément versé dans la science du Gouvernement Représentatif, d'un ministre que M. Decazes a dû proscrire, et qui seroit encore proscrit aujourdhui par M. de Villèle.

(1) M. le comte de Vaublanc.

Vous venez de remarquer, Monsieur, que, dans l'opinion de M. le comte de Vaublanc, la sollicitude du ministère devoit uniquement se porter sur la *religion* et sur la *légitimité*. Oh! sur ces deux points, que la presse soit esclave, qu'elle se taise s'il ne lui convient point de mêler sa voix à l'hymne des chrétiens, au chant des royalistes! Dieu et son Evangile, les Bourbons et la loi salique, voilà des chartes éternelles et sacrées qui prédominent sur toutes les autres, que des lois rigoureuses et promptes dans leur exécution doivent protéger. Ces lois existent-elles? « Oui, dites-vous; mais les tribunaux et les cours en » ont proclamé l'impuissance. » Et de là vous inférez l'indispensable nécessité de rétablir la censure. Ici, Monsieur, permettez-moi de me replacer, en finissant cette lettre, aux deux points de vue sous lesquels, en la commençant, j'ai considéré la liberté de la presse.

Sous le rapport de l'impression et de la réimpression des *mauvais livres*, je conviens franchement qu'il y a, non pas impuissance, mais absence totale de lois répressives; la licence, à cet égard, est à son comble; elle désole l'épiscopat, le sacerdoce, la magistrature et tous les chrétiens catholiques. Et cependant ce mal qui corrompt toute une génération, ce mal bientôt irremédiable, échappe à votre religieuse et monarchique sollicitude... Il n'en est pas question dans votre pamphlet; vous ne voyez que la presse périodique qu'il faut vite bâillonner par respect pour le sommeil de Nos Excellences; et vous vous écriez : *La censure! la censure!* Si votre intention étoit d'en restreindre uniquement l'application à la publicité des mauvais livres, nous finirions peut-être par nous entendre; car il m'est bien démontré que la Charte, en consacrant la liberté des opinions et des attaques contre les actes d'une administration responsable, n'a pas pu vouloir en même temps consacrer la libre circulation du poison dans les veines du corps social. Mais la censure est par elle-même si flexible, si variable, si arbitraire ; elle prend si facilement l'empreinte des préjugés personnels, des passions et de l'esprit de parti, qu'en vérité je tremble de la proposer. Il me semble qu'avant d'en venir à la censure, il conviendroit mieux de faire l'essai d'une loi répressive, qui d'abord définiroit ce qu'il faut entendre par *mauvais livres*, en prenant pour règle de définition la *religion* et la *légitimité;* qui déterminerait ensuite des peines graves accompagnées de fortes amendes pécuniaires contre les imprimeurs, distributeurs et éditeurs des ouvrages qui auront été juridiquement qualifiés de *mauvais livres*. Pour prémunir les auteurs contre les illusions de leur amour-propre ou de leurs préventions, un exemplaire de leurs ouvrages resteroit déposé, avant leur publicité, à une administration spéciale, pendant un temps suffisant, pour que les ouvrages y fussent officieusement et paternellement examinés; le résultat de cet examen seroit communiqué aux auteurs à l'expiration du délai, qui devra être le plus court possible. Les auteurs, ayant été ainsi préalablement avertis et éclairés sur les suites de la publication, seront maîtres de l'effectuer à leurs risques, ou d'y renoncer. Si la publication est ensuite attaquée par le ministère public, l'avertissement préalable et purement paternel deviendra une circonstance aggravante pour l'application des peines. Enfin, la loi, pour prévenir, dans le futur contingent, l'abus des réimpressions de *mauvais livres*, déclarera délit le seul fait de cette réimpression, appliqué à des ouvrages anciens et modernes, constatés *mauvais livres* par les anciens comme par les nouveaux corps de magistrature, etc.... Voilà, Monsieur, une foible indication du remède qu'il faudroit, suivant moi, essayer, pour arrêter le débordement des mauvais livres, avant de recourir à la censure.

Quant à la censure que vous avez tant à cœur d'appliquer à la presse périodique, renversez le Gouvernement Représentatif, et, si vous le pouvez, rétablissez la monarchie de Louis XIV, et je vous accorde la censure; mais la subir avec la centralisation et avec des ministres responsables dans un Gouvernement Représentatif, je le répète, Monsieur, mieux vaut nous réfugier à Constantinople. Je ne vous ai pas dissimulé toutefois que la presse périodique entraîne avec elle de fâcheux abus; mais donnez-nous une bonne loi répressive contre les *mauvais livres*, dans laquelle on aura clairement défini et caractérisé les outrages faits à la *religion* et à la *légitimité*, et bientôt vous verrez les écrivains périodiques les plus fougueux s'observer, se censurer eux-mêmes. On y regarde à deux fois, quand on ne veut pas encourir de fortes amendes, la suppression d'un journal, la qualification juridique d'*écrivain dangereux*, etc.

Dans tout ceci, Monsieur, vous aurez remarqué sans doute avec quel scrupule je décline la compétence ministérielle, pour n'invoquer que l'autorité judiciaire. Que voulez-vous! cette autorité est la seule que la centralisation, malgré d'étranges tentatives, n'a point encore pu envahir. Permettez-moi donc de considérer cette autorité comme la seule planche de salut, dans le naufrage qui menace nos plus précieuses libertés.

Adieu, Monsieur, et recevez, etc.

C. P. D.

Paris, le 1er mars 1826.

Nota. On a négligé, dans la *Deuxième Lettre*, d'annoncer que l'édition de la *Première* n'étoit pas épuisée, et qu'elle se trouvoit chez C. J. Trouvé, imprimeur-libraire, et chez les marchands de nouveautés.

IMPRIMERIE DE C. J. TROUVÉ, RUE DES FILLES-SAINT-THOMAS, N° 12.

www.ingramcontent.com/pod-product-compliance
Ingram Content Group UK Ltd.
Pitfield, Milton Keynes, MK11 3LW, UK
UKHW022142170726
13837UKWH00004B/1716

9 782329 171869